PRODUCTOS DE MÉXICO

AL SUR DE NUESTRA FRONTERA

por Laura Conlon

Versión en español por Aída E. Marcuse

The Rourke Book Co., Inc.
Vero Beach, Florida 32964

FOTOGRAFÍAS:
© Steve Bentsen: páginas 7, 15; © Francis y Donna Caldwell: página
8; © Frank Balthis: páginas 10, 17, 21; © James P. Rowan: página 13;
cortesía del Ministerio de Turismo de México: cubierta delantera,
primera página, páginas 4, 12, 18

Catalogado en la Biblioteca del Congreso bajo:

Conlon, Laura, 1959-
    [Productos de México. Español]
    Productos de México / por Laura Conlon: versión en español por
Aída E. Marcuse.
    p. cm. — (Al sur de nuestra frontera)
    Incluye índices.
    ISBN 1-55916-074-8
    1. México—Industras—Literatura juvenil. 2. Agricultura—Aspectos
económicos—México—Literaura juvenil. 3. México—Manufacturas—
Literatura juvenil. 4. México—Condiciones económicas—1982—
Literatura juvenil. [1. México. 2. Materiales en idioma español.]
I. Título II. Series.
HC128.C6618   1994
338.0972—dc20   94-21567
                                                        CIP
Printed in the USA   AC

ÍNDICE

PRODUCTOS DE MÉXICO

¿Sabías que uno de los alimentos favoritos en los Estados Unidos es originario de México? El chocolate se extrae de los granos de un árbol, el **cacao.** Otros productos agrícolas de México son los tomates, la vainilla y los cacahuetes.

Ésos son algunos de los productos agrícolas más importantes de México. Pero los mexicanos también explotan otros recursos naturales, como la pesca, los árboles forestales, la minería, la industria y el turismo.

Los establecimientos agrícolas de México producen muchas clases de verduras y frutas

LA AGRICULTURA

La mayor parte de las tierras de cultivo están sembradas de maíz–el alimento principal de los mexicanos–. Pero aún así, México tiene que **importar** maíz de otros países para cubrir sus necesidades. El principal producto agrícola de **exportación,** es decir, que se envía a otros países, es el algodón.

Casi todos los cultivos de maíz, frijoles y algodón se concentran en la parte central de México. En las regiones tropicales, mucho más cálidas y húmedas, se cultivan café, caña de azúcar y cacao–el árbol del que se extrae el chocolate–.

En las áreas **remotas** todavía se cultiva a mano o con la ayuda de bueyes.

6

Ante la amenaza de lluvia, un campesino ara la tierra con una yunta de caballos, para ir más rápido

LA GANADERÍA

La tierra que no sirve para cultivar, generalmente es utilizada para pastoreo. El ganado vacuno pasta en las tierras secas del norte, pero para el ganado lechero es mejor la zona central de México. A las cabras les gustan las tierras rocosas y escarpadas. En el país también se crían pollos, ovejas y caballos.

Un vaquero arrea un rebaño de ganado en un rancho del norte de México

LA PESCA

La mayoría de los pescadores del país pescan a lo largo de la costa del océano Pacífico, donde encuentran buenas cantidades de atún y de sardinas.

En el Golfo de México se pescan langostas y pargos. Los langostinos, uno de los recursos pesqueros más importantes, se encuentran en ambas costas oceánicas, la del Atlántico y la del Pacífico. México exporta la mayoría de esos mariscos.

En las aldeas más remotas, los indígenas utilizan grandes "redes de mariposas" para pescar.

Un barco pesquero mexicano, anclado en la bahía de Ensenada

Muchos mexicanos viven de la venta de sus artesanías

*Más de 4 millones de personas visitan México cada año, y muchos de ellos
van a ver las ruinas mayas de Chichén Itzá*

13

LOS RECURSOS FORESTALES

Los árboles de los densos bosques lluviosos de México proveen numerosos productos. La caoba, el palo de rosa y el ébano se utilizan para hacer hermosos muebles. El **chicle,** que se usa para hacer goma de mascar, se extrae del zapotillo o níspero americano. Del hule se extrae el caucho. Los granos–las semillas–del cacao nos dan el chocolate.

En las regiones más frías de México, los leñadores talan los pinos para convertirlos en maderos o en papel.

A medida que talan los árboles de los bosques lluviosos del sur de México, los campesinos los reemplazan con plantas que les sirven de alimento

14

PETRÓLEO Y GAS NATURAL

La prosperidad de México proviene del petróleo, su producto principal de exportación. Con más de mil millones de barriles al año, el país es el cuarto productor de petróleo del mundo. La mayoría del petróleo mexicano proviene de pozos submarinos del Golfo de México.

México es también uno de los principales productores de gas natural del mundo.

Las refinerías son lugares donde se procesa el petróleo crudo–como en ésta de México–

LA MINERÍA

Hace siglos, los exploradores españoles llegaron a México atraídos por las leyendas que hablaban del oro y la plata del país. Hoy, la minería da empleo a millones de mexicanos.

México es el principal productor de plata del mundo. Sus artesanos utilizan la plata extraída del rico subsuelo para producir hermosas joyas y adornos que, en su mayoría, son exportados o vendidos a los turistas.

Cobre, plomo, oro y mineral de hierro son otros productos mineros del país.

Estos objetos que brillan en la feria de Taxco fueron fabricados con plata de las minas mexicanas

EL TURISMO

Más de cuatro millones de turistas, la mayoría de ellos estadounidenses, visitan México cada año. Entre sus lugares de vacaciones favoritos se cuentan las playas, como Acapulco y Cancún.

Los turistas que se dirigen a las antiguas ruinas de las culturas maya y azteca, se asombran al descubrir la rica historia de México.

Entre los objetos que les compran a los artesanos del país, están la hermosa ropa hecha a mano, las cerámicas y las joyas.

Turistas disfrutando una buena cena en la playa, en Baja California, México

LAS INDUSTRIAS

La capital de México es un gran centro industrial. La **industria** más importante es la **textil,** o sea, la que fabrica telas y ropas. En algunas fábricas se hila el algodón para convertirlo en una tela blanca y áspera llamada manta, que luego se decora con diseños indígenas. En otras fábricas se hacen telas de lana y de seda.

Otra industria importante es la del acero. Monterrey, una ciudad al norte de México, es el mayor centro productor de acero del país.

Glosario

cacao — árbol tropical cuyos granos–semillas–se utilizan para hacer chocolate

chicle — savia del árbol zapotillo que se emplea en la fabricación de la goma de mascar

exportar — vender bienes a otro país

importar — comprar bienes de otro país

industria — negocios y fábricas que producen mercaderías

remoto — muy lejano o de difícil acceso

textil — tela hecha en un telar o tejida

ÍNDICE ALFABÉTICO